L 27/12
31435

LE

GÉNÉRAL DE BRIGADE

MANGON DE LA LANDE

(AMÉDÉE-CHARLES-LOUIS)

PARIS

LIBRAIRIE MILITAIRE DE J. DUMAINE

ÉDITEUR

30, RUE ET PASSAGE DAUPHINE, 30

1879

MANGON DE LA LANDE

BIBLIOTHÈQUE R. F.

Mangon de la Lande (Amédée-Charles-Louis), né à Roye (Somme), le 2 juillet 1793 et décédé à Paris, le 10 août 1879, était fils de Charles-Florent - Jacques et de Adrienne - Françoise-Charlotte Bazon de Montbéraut.

Après de très bonnes études faites au lycée de Douai, Mangon de la Lande se prépara au concours pour l'École polytechnique, mais l'exaltation produite par les éclatantes victoires de nos armées, et qui s'était emparée de toutes les têtes, l'atteignit comme les autres et le décida à prendre du service immédiatement. Il contracta, le 12 janvier 1811, un engagement au 20e dragons, dont le colonel, le comte Corbineau (Juvénal), était ami de la famille. Nommé brigadier et maréchal des logis les 3 février et 17 mai de la même année, il partit aussitôt pour l'armée d'Espagne. Dès le début, il sut mériter toute la confiance de ses chefs et l'amitié de ses camarades, car il se montra brave et plein d'entrain. Les reconnaissances, les escortes de convoi et de courriers, les expéditions de toute sorte se succédaient sans repos ni trêve, et aucune ne se terminait sans combats avec les bandes et les guerillas. En mai 1812, avec son régiment, il fut dirigé sur Pampelune, dont le général de division Abbé était gouverneur et que bloquaient les bandes nombreuses et aguerries du célèbre partisan Mina. — Dans une des sorties faites par le 20e dragons, à Carrascal, Mangon de la Lande fut blessé au bras droit, à Manera son cheval reçut deux balles. — Le 11 octobre 1812, il fut nommé maréchal des logis chef pour sa courageuse intervention dans une révolte des hommes de sa compagnie contre leur chef.

Au mois de février 1813, Mangon de la Lande dut se rendre à Maëstricht pour rejoindre le dépôt du régiment. Mais en juillet il quitta cette ville pour passer le Rhin à Wesel et se diriger sur Osnabrück. A Magdebourg, il fit partie du 1er régiment provisoire de cavalerie, formé de détachements montés qui, sous les ordres du général de brigade Sénécal, eut pour mission de contenir l'ennemi à distance et de maintenir les communications avec la division Lanusse.

Dans cette campagne, Mangon de la Lande prit part aux combats d'Alberstadt, de Dorndorf, de Barby, de Bernbourg-sur-la-Saals, etc., et gagna son grade de sous-lieutenant (14 novembre 1813). Il supporta, comme tous ses courageux compagnons d'armes, les dures privations de la campagne d'hiver autour de Magdebourg, et ce ne fut qu'au mois d'avril 1814, lors de la capitulation, que la garnison, réduite à 14.000 hommes, de 25.000 qu'elle était composée, put enfin trouver un peu d'allègement. De retour en France, au mois de juillet, le 20e de dragons forma, concurremment avec des escadrons des 25e et 30e régiments, le nouveau 15e de l'arme. Mangon de la Lande en fit partie; mais après le désastre de Waterloo, le régiment fut licencié et, les officiers ayant été mis en demi-solde, il alla rejoindre sa famille à Bourbon-Vendée (la Roche-sur-Yon).

Ce ne fut qu'en 1818, lors de la création du corps royal d'état-major, qu'il put reprendre du service en se présentant au concours. Admis avec le n° 2 des candidats de la circonscription de Bordeaux, il fut désigné le 20 janvier 1819 comme sous-lieutenant au corps d'état-major. Le 1er mai, il fut appelé à faire son stage au régiment des chasseurs de la Sarthe (18e de l'arme); puis le 16 septembre 1820, nommé lieutenant aide-major, attaché à la légion de la Loire-Inférieure (devenue 23e de ligne). Pendant deux ans il fit dans ce corps le service d'adjudant-major. Du mois d'août 1821 au mois de mai 1822, Mangon de la Lande fut chargé des travaux de reconnaissance militaire du cours de la Nive, de Bayonne à Itsassu ; de la frontière d'Espagne depuis la mer (Hendaye) jusqu'à Ainhoüe, sur un développement de 40 kilomètres ; d'une partie de la route de Bayonne à Pau, et du passage de l'Adour à Port-de Lanne. Ce travail lui valut un témoignage de satisfaction du Ministre de la guerre, avec le don d'un exemplaire relié de la carte de France, par Capitaine.

Le 20 septembre 1822, aide-major au 3e d'artillerie, il passa en la même qualité, le 3 mars 1823, auprès du maréchal de camp Borelli, chef d'état-major général du 2e corps de l'armée d'Espagne (général comte Molitor, commandant en chef). Il prit part aux opérations sur Lerida, à la prise du fort de Murviedro (12 juin), de Lorca, aux combats de Monteljort, de Campillo, etc., etc. C'est à la suite de ce dernier combat qu'il fut nommé chevalier de la Légion d'honneur, à Grenade, le 24 juillet 1823. Le général Borelli ayant quitté l'armée pour cause de santé, Mangon de la Lande servit comme aide de camp auprès du général comte de Choiseul, commandant la 1re brigade (cavalerie) de la 3e division d'infanterie du 2e corps.

A son retour en France, il fut attaché à

l'état-major de la 14e division militaire, à Caen,
et exécuta encore des travaux de reconnaissance militaire qui lui valurent un nouveau
témoignage de satisfaction du Ministre de la
guerre. Promu capitaine le 11 mai 1828, il
servit successivement comme aide de camp
auprès du maréchal de camp comte d'Haute-
feuille, du général Véran-André (16 août 1830),
de Renou de la Brune (20 mars 1831), Gougeon
(24 janvier 1832), et Teste (25 mars 1833).
Chef d'escadron le 2 octobre 1839, il resta auprès du général Teste jusqu'au 25 février 1842,
pour être employé alors à l'état-major de la
place de Paris. Le 26 août 1841, il avait été
fait officier de la Légion d'honneur.

Passé à l'état-major de la 1re division militaire, le 4 avril 1844, et promu lieutenant-
colonel, le 27 avril 1846, il fut maintenu dans
ses fonctions.

Comme colonel, grade auquel il fut promu le
10 juillet 1848, il servit d'abord comme chef
d'état-major provisoire de la 1re division et
comme chef d'état-major (28 octobre 1830),
puis comme chef d'état-major général de l'armée
de Paris et de la 1re division militaire.

Nommé général de brigade le 7 mars 1853, il
fut maintenu chef d'état-major général jusqu'au
4 juillet 1855, époque de son admission au cadre
de réserve.

Rappelé, sur sa demande, à l'activité le

19 juillet 1870, aussitôt la déclaration de guerre contre la Prusse, il eut pendant trois mois le commandement de la subdivision du Pas-de-Calais. Malgré son grand âge, le général Mangon de la Lande organisa très activement la défense de toutes les places fortes du Pas-de-Calais, notamment d'Arras, siège de son commandement. Il organisa non seulement la défense des places fortes, mais aussi les corps de mobiles destinés à recruter l'armée du général Faidherbe, et pour cela il dut suppléer, par son activité et sa grande expérience des choses de la guerre, à l'insuffisance des ressources dont il pouvait disposer.

Mais un jour Mgr l'évêque d'Arras vint annoncer au général la mort du plus jeune de ses fils, capitaine d'état-major, trouvé sur le champ de bataille de Sedan, la poitrine percée de sept balles. C'est alors que le vieux soldat de la Grande-Armée, abattu par un profond chagrin, et d'ailleurs épuisé de fatigue, dut se décider à demander à rentrer dans le cadre de réserve au moment où il venait d'être appelé à un autre commandement, celui de la subdivision d'Ille-et-Vilaine (13 octobre 1870).

A son départ d'Arras, le général Mangon de la Lande reçut de nombreux témoignages de sympathie et de reconnaissance pour les services réels qu'il avait rendus.

Voici ce qu'on lit dans le *Courrier du Pas-*

de-Calais à la date du 15 octobre 1870 : « Malgré son âge, M. Mangon de la Lande s'est montré administrateur actif et habile; il emporte le témoignage mérité de la satisfaction du gouvernement pour la manière dont il a su accomplir ici son importante mission. Il a droit aussi à la reconnaissance du pays pour les nouveaux services qu'il vient de lui rendre, après une carrière noblement remplie. »

Il était commandeur de la Légion d'honneur depuis le 10 décembre 1851 et décoré de la médaille de Sainte-Hélène.

Désiré Lacroix,
Rédacteur au *Moniteur de l'armée.*

NOTES

Le plus jeune fils du général, J ules Mangon de la Lande chevalier de la Légion d'honneur, capitaine d'état-major, était attaché à l'état-major de la division de cavalerie de réserve du général Bonnemains (division de cuirassiers), qui se conduisit avec une bravoure devenue légendaire à Reischoffen. Il sortit sans blessure de cette terrible bataille, mais pour aller tomber, moins d'un mois plus tard, sur le champ de bataille de Sedan, où il fut retrouvé la poitrine percée de sept balles ! Il avait pris part, à la fin de la journée du 1er septembre, à la charge menée par le commandant de Cugnon d'Alincourt, du 1er cuirassiers.

Voici la lettre qui fut adressée dans cette circonstance par le président de la municipalité d'Arras, M. Deusy au général :

« Monsieur le général, je tiens à vous exprimer sans retard la part que nous prenons au malheur qui vient de vous frapper. Votre digne fils est mort pour la patrie, nous ne saurions l'oublier, et je suis l'organe de mes concitoyens en vous affirmant que votre deuil et votre douleur sont partagés par la population d'Arras. »

La charge de l'escadron de cuirassiers commandé par M. de Cugnon d'Alincourt a été le sujet d'un tableau très remarquable exposé au Salon de 1874, par M. Castellani. Ce tableau est aujourd'hui au musée de la ville d'Autun. En voici en résumé l'explication : Un soldat du 1er régiment de tirailleurs, s'étant emparé d'un cheval, sert un instant d'éclaireur et tombe bientôt criblé de balles. Au centre, le commandant d'Alincourt, blessé; à sa droite, le capitaine Haas, blessé; — à l'extrême gauche du tableau, le capitaine Blanc; à l'extrême droite, le trompette Gounard, blessé; le lieutenant de Montenon, blessé; etc.; à terre l'adjudant Thomas, le lieutenant Théricourt, le sous-lieutenant Anyac, le capitaine d'état-major Mangon de la Lande, etc.

Le capitaine Mangon de la Lande n'avait que trente-huit ans ; il comptait déjà quatorze années de grade. C'est dire qu'il était à la veille de conquérir une position supérieure et méritée pour sa brillante conduite dès le début de la guerre.

L'aîné des fils du général, M. Charles Mangon de la Lande, chevalier de la Légion d'honneur, est aujourd'hui sous-chef de bureau au Ministère de la guerre (correspondance générale).

Armes. — Porte d'or, au chevron de gueules, accompagné de trois gonds de sable, 2 en fasce et 1 en pointe ; au chef d'azur, chargé d'une main sénestre d'or yssante d'une nuée de mesme, accostée de deux estoilles d'or. L'écu timbré d'un casque orné de ses lambrequins.

1886. — Paris. Imp. Laloux fils et Guillot, 7, rue des Canettes.

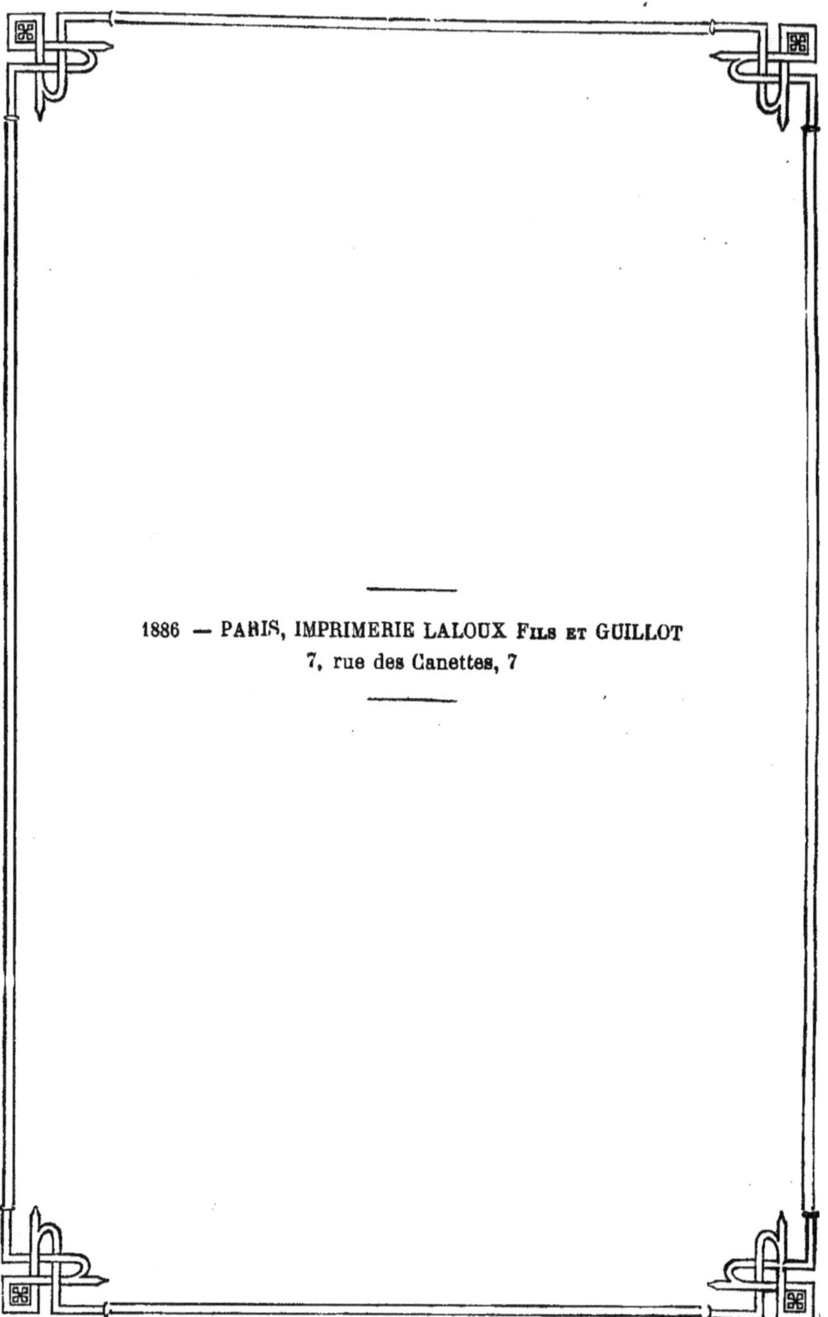

1886 — PARIS, IMPRIMERIE LALOUX Fils et GUILLOT

7, rue des Canettes, 7

www.ingramcontent.com/pod-product-compliance
Lightning Source LLC
LaVergne TN
LVHW010919180726
843502LV00010B/4193